A Kalmus Classic Edition

Stephen

HELLER

ALBUM FOR THE YOUNG

Opus 138

FOR PIANO

K 03519

5
Lieder ohne Worte.

1.

Zueignung.
(Dédicace)

Molto lentamente, con espressione. ♩=11.

Stephen Heller Op.138. Bk.I.

2.

Sanfter Vorwurf.

(Doux reproches)

Allegretto. ♩=96.

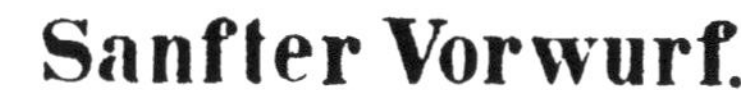

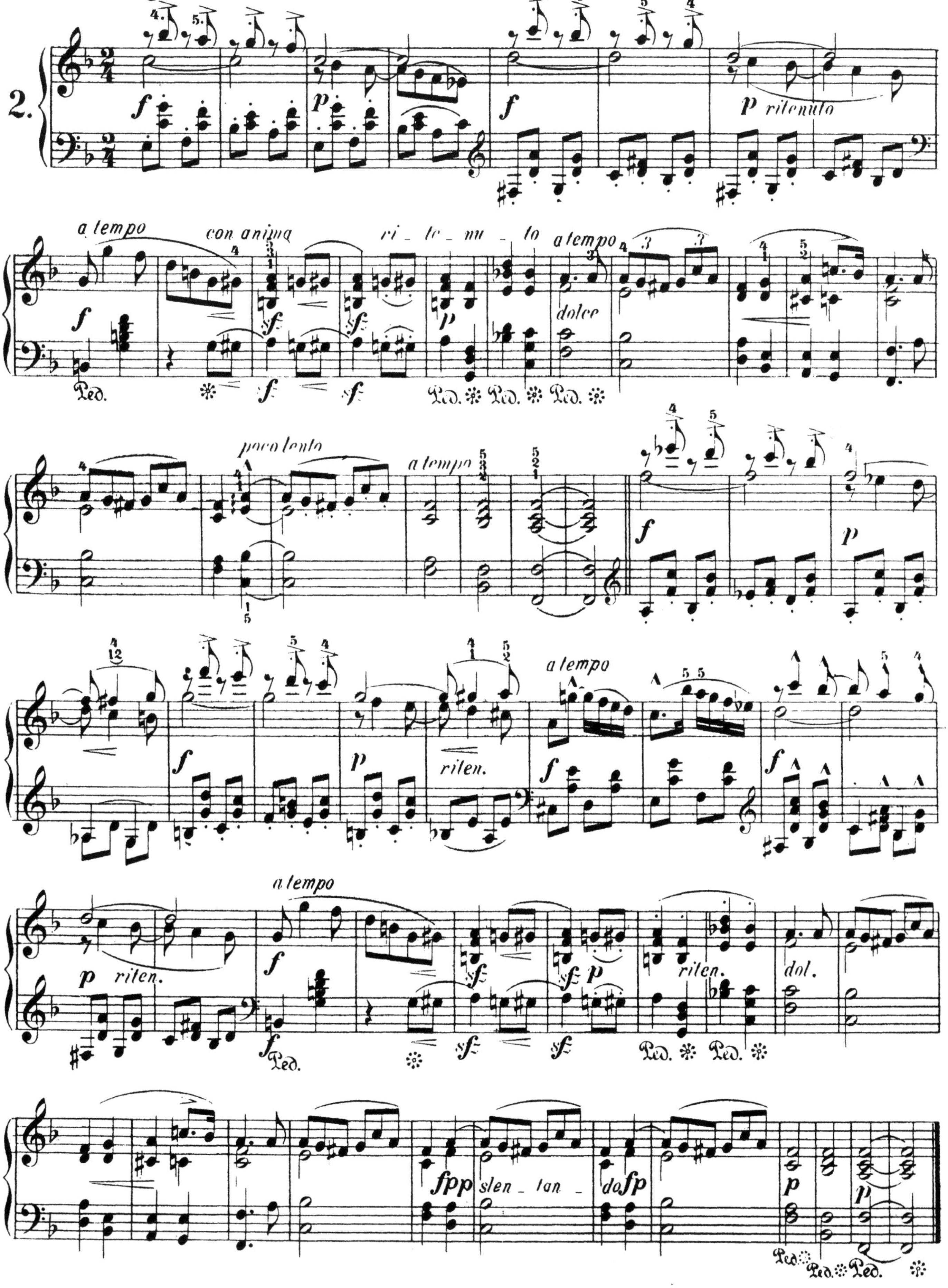

3.
Abenddämmerung.
(Crépuscule)

Lento, con espressione. ♩= 72.

4
Chasseur en herbe

Stephen Heller.

Allegro vivace. ♩=88.

5.
Barcarolle.

Etude.

6.
Vivace. ♩=104.
mf.
p
mf.
p
ri - tar - dan - do
mf
mf
a tempo
mf
ff
sf Ped. sf sf sf
Ped.
5
2
1
f
ff
sf Ped. sf sf sf
Ped.
ritard.
pa tempo

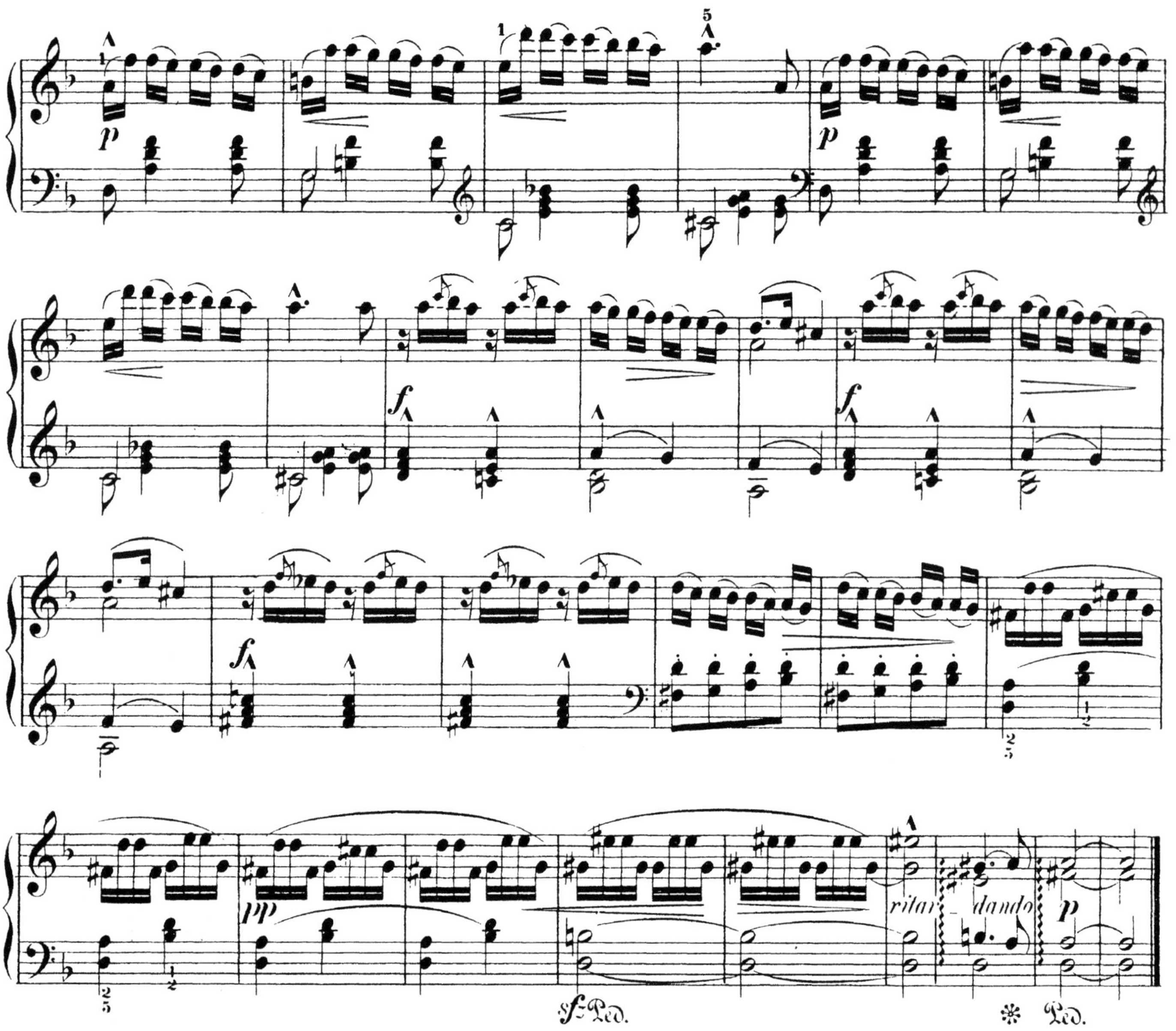

Gedenkblatt

(Un billet à Hans Schmitt de Vienne)

Un poco lento. ♩= 116.

7.

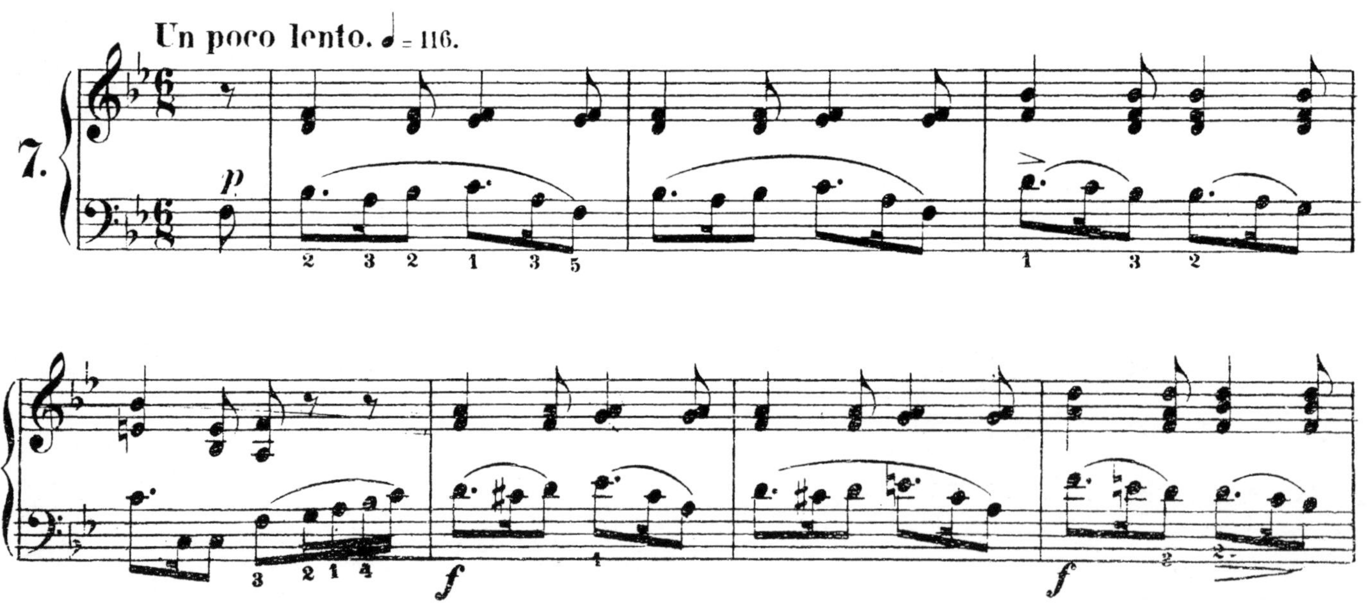

f
Ped. * Ped. * Ped. * Ped. *
f
f
Ped. * Ped. * Ped. * Ped. *
cresc.
rinforz.
più f
Ped. * Ped. * Ped. *
ff
p
dolce
pp
Ped. * Ped. *
p
morendo
p
pp

Scherzetto.

Vivace.
8.
p
scherzando
f
sf sf
sfz sfz
p
cresc.
f
1.
2.
p
p
m.s.
sf
f
sf
f
f
p

Curieuse histoire.

Stephen Heller, Op. 138. Bk. 2.

molto ritenuto
a tempo
espress.
m.s.
Ped.
cresc.
m.s.
sfz
f
Ped.
Ped.
Ped.
ritard.
p
vivo
p

Enfant qui pleure.

Ses camarades le consolent.

HELLER

stringendo
p
p
p
f
ritard.
f
ritard.
a tempo
p
ritard.
p
riten.
p
Ped.
Ped.
Ped.

La muette.

Allegretto. ♪ = 132.
12.
p
mf
p
mf
p
sfz
agitato
a tempo
ritard.
p
p
f
f
sfz
agitato
a tempo
ritard.
sfz
f
sfz
p
tranquillo
ritard.
p

Adieu du chasseur.

Allegro vivace. ♩ = 138.

13.

riten.
espress.
p
p
cresc.
f
Ped.
Ped.
a tempo
f
Ped.
Ped.
Ped.
con fuoco
sf
sf
sf
sf
Ped.
Ped.
Ped.
f
sf
sf
sf
ff
Ped.
Ped.
p
ff
p
p
ten.
p
ten.
ten.
dim.
p
pp riten.
Ped.

Scabieuse.

Un poco lento. ♩=84.
14.
p
riten.
p
p
cresc.
p riten.
p
pp
rinforz.
dim.
Ped. Ped. Ped.
ritard.

Ne m'oubliez pas.

Tziganyi.

(Bohémiens.)

1.

Un poco vivace, ma non troppo. ♩ = 138-144.

Stephen Heller. Op. 138. Bk. 3.

f
p
f
f
f
A
A
A
mf
dimin.
a tempo
riten.
pp
leggiero
pp
8

Tziganyi.
(Bohémiens.)

2.

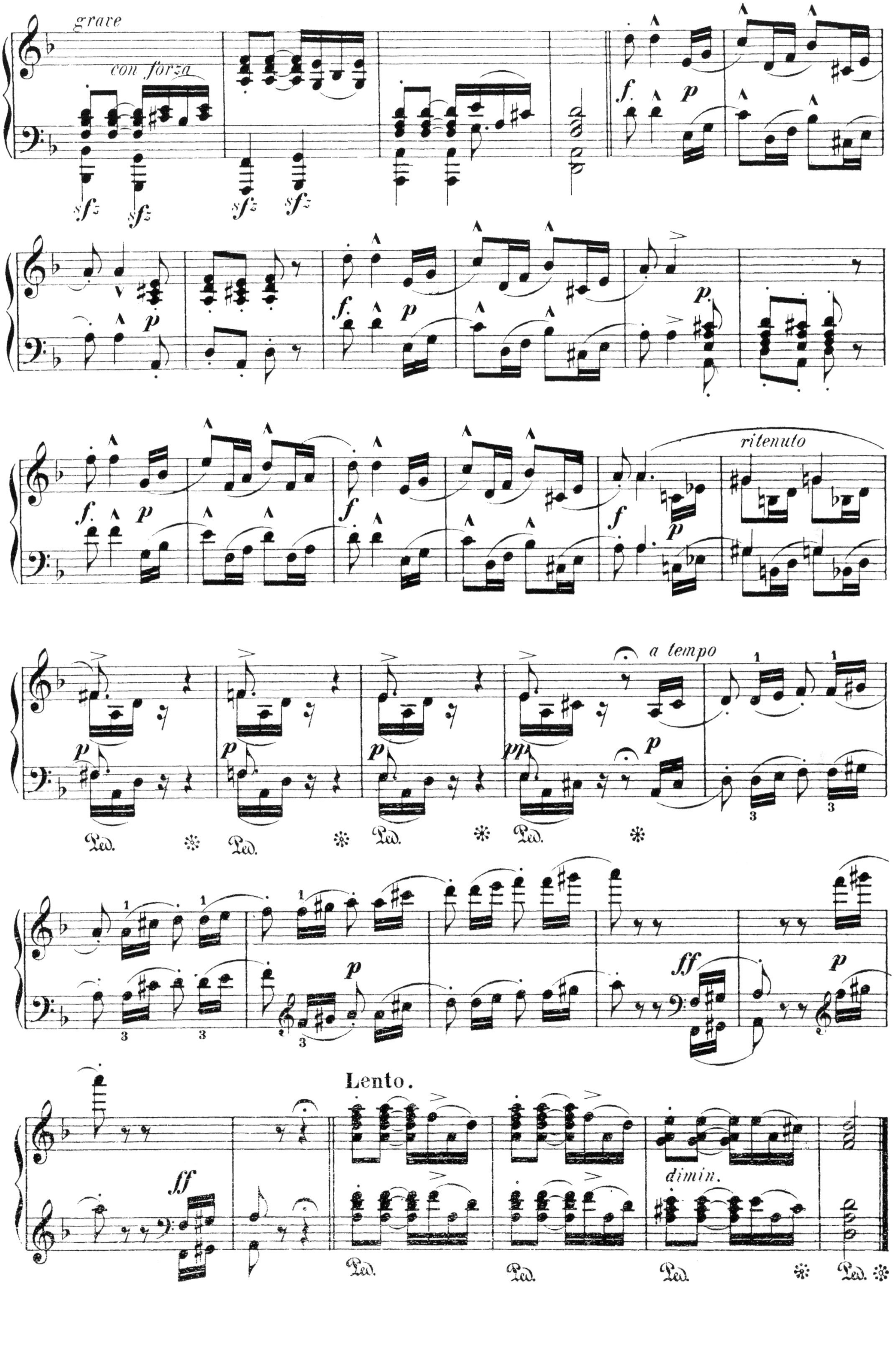
grave
con forza
sfz
sfz
sfz
sfz
f
p
f
p
p
f
p
f
f
p
ritenuto
p
p
p
pp
a tempo
p
Ped.
Ped.
Ped.
Ped.
ff
p
p
ff
Lento.
dimin.
Ped.
Ped.
Ped.
Ped.

Tziganyi.
(Bohémiens.)

3.

Allegro molto vivace. ♩= 140
tutto pp
con fuoco
ritard.
Lento. ♩= 42

Tziganyi.
(Bohémiens.)
4.

Allegretto con moto. ♩ = 100.

19.

riten.
a tempo
ritard.
p
pp
Ped, al fine.
p
Tziganyi.
(Bohémiens.)
5.
Con fuoco. ♩ = 104
20.
p
f
p
f
più f
ff
ff

p
p
poco riten.
marcato
p
pp
f
p
f
p
f
f
più f

ff
dolce
f 3 5 1 2
mf
f 3 5
f
2 1 5   3   2
2 1 5   3   2 1
f
dimin.
ritenuto
a tempo
p
pp
p
p
un poco meno mosso
p
p   legato
riten.
ritard.
riten.
Ped.   Ped.   Ped.

Rêverie.

Allegretto. ♪ = 112.
Stephen Heller, Op. 138. Bk. 4.
21.
p
pp
cresc.
f
sfp
p
cresc.
sfz
p
f
f
f
f
mf
p
pp
p
cresc.
cresc.
sfz
p
f
Ped.
riten.
a tempo
pp
mf
p
sfz
p
pp
p
p

Le cor d'Oberon.

Elfes.

1.

Stephen Heller.

ritard.
Ped.
Ped.
Ped. al Fine.
Elfes.
2.
Un poco vivo, leggiero. ♩ = 88.
24.

mf
sfz
sfz
rinforz.
ten.
f
mf
f
f
dimin.
pp rapidemente
sempre pp
sfz
ritard.
rubato
a tempo
pp

sfz rubato
a tempo
ritard.
riramente, leggiero
p
Ped.
volante
sfz sfz
p
8
p
sfz sfz
sfz
sfz
f
8
p
8
p
dimin.
pp
pp
sfz

Elfes.
3.

Vivace con delicatezza.
♩. = 69.
25.
pp
Ped.
Ped.
Ped.
pp
Ped.
Ped.
Ped.
fp
fp
fp
fp
Ped.
Ped.
Ped.
Ped.
Ped.
sfz
sfz
p
slentando
Ped.
Ped.
a tempo
espressivo p
sfz rit sfz
sfz
sfz
Ped.

a tempo
pp
p
mf ritard. dimin. un poco accelerando
pp
Ped.
p p p p pp
Ped.
un poco riten. al Fine.
pp p pp p pp
Ped. Ped. Ped.